Une série d'aventures quotidiennes
Par Moji Taiwo

Mémé et ses «Petits-Tout»

A la bibliothèque

Illustrations par Cristiana Tercero

Traduit par Emilienne Ngo Batoum

A mes précieux Petits: Ezra, Caxton, et Amos.
Le temps que je passe avec vous, mes garçons, me procure vitalité et bon-
heur immense.

Moji Taiwo
www.mojitaiwo.com

Nous nous rendons au centre-ville en train avec Mémé.
Elle nous donne de l'argent pour acheter des tickets pour prendre le train.

A l'arrêt, il y a beaucoup de gens qui attendent le train.

Humm, Penses-tu

Au travail ou à

Vont-ils peut-être à la

qu'ils vont à l'école?

l'hôtel de ville?

bibliothèque comme nous?

Il y a beaucoup d'arrêts sur le trajet du train. Au centre-ville, on voit aussi de grands bâtiments et immeubles de bureau.

A l'arrêt de l'hôtel de ville, nous descendons du train. De l'autre côté de la rue, nous apercevons le petit bassin, la pataugeoire, à l'Olympic Plaza.

Tout à coup, le plus jeune dit,
"Hey! Regarde, regarde la
grande maison en verre là-bas!"

C'est alors que Mémé nous dit que
la grande maison en verre que nous
voyons là, c'est le nouvel édifice de
l'hôtel de ville.

Mais, cette fois-ci, nous allons plutôt à l'ancienne bâtisse.

Ah! Il y a un guide ici.
Il nous la fait visiter et nous dit que le bâtiment est en briques de grès.

Il nous a aussi montré de vieilles photos, des tables, des chaises, des stylos à plumes, des téléphones et quelque chose appelée machine à écrire.

C'était tellement bizarre!
Nous n'avons vu ni ordinateurs, ni téléphones cellulaires.

Ensuite, nous sommes allés à la bibliothèque municipale qui est juste la porte d'à côté.

La bibliothèque est grande et pleine de petits et grands.

On y voit beaucoup de choses.
On n'y fait aussi beaucoup de choses.

Mémé nous dit de choisir
qu'elle ne peut pas nous

une activité à la fois parce
suivre tous au même moment.

Le plus petit choisit de lire un livre avec Mémé. Ce livre a des animaux et des histoires amusantes.

Le plus vieux des Petits-tout, quant à lui, choisit d'apprendre comment construire des maisons avec des legos et des briques en bois.

Le plus jeune, lui, choisit d'apprendre de nouveaux jeux de cartes et de société.

Nous faisions une activité à la fois. C'était vraiment bien de partager.

A la fin de nos activités, nous sommes allés voir une exposition d'art autochtone et africain.

Nous avons aussi emprunté des livres pour lire à la maison, car nous voulions en apprendre davantage sur ces cultures.

Maintenant je veux savoir: Vas-tu
à la bibliothèque?
Que fais-tu quand tu vas à la
bibliothèque?